AF268094

LA RÉPUBLIQUE

ET

LA RÉVOLUTION

PAR

A. DANIEL BLIN

Rédacteur au *Radical de la Lotre*

LETTRE-PRÉFACE

DE

M. ALPHONSE ESQUIROS

Représentant du peuple

PARIS

LIBRAIRIE GÉNÉRALE

DÉPOT CENTRAL DES ÉDITEURS

72, BOULEVARD HAUSSMANN, 72

1873

LA RÉPUBLIQUE

ET

LA RÉVOLUTION

Paris. — Imprimé chez Alcan-Lévy

61, rue de Lafayette

LA RÉPUBLIQUE

ET

LA RÉVOLUTION

PAR

A. DANIEL BLIN

Rédacteur au *Radical de la Loire*

LETTRE-PRÉFACE

DE

M. ALPHONSE ESQUIROS

Représentant du peuple

PARIS

LIBRAIRIE GÉNÉRALE

DÉPOT CENTRAL DES ÉDITEURS

72, BOULEVARD HAUSSMANN, 72

1873

Au moment de livrer à la publicité notre modeste travail, nous recevions de M. Alphonse Esquiros la remarquable lettre qu'on va lire.

Nous en remercions, au nom de nos lecteurs, l'éminent écrivain de « *l'Histoire des Montagnards*, » et lui présentons en notre nom personnel l'hommage de notre gratitude et de notre profond dévouement.

A.-Daniel Blin.

Monsieur et cher Confrère,

J'ai lu avec beaucoup de plaisir et d'intérêt les épreuves de la brochure que vous m'avez fait l'honneur de m'adresser.

Ainsi que vous, je crois que la République n'a point besoin d'épithète ; elle se suffit à elle-même.

République conservatrice est un non sens ;

République progressive est un pléonasme.

Je n'ai d'ailleurs jamais compris l'antithèse que le vieux langage politique voulait établir entre ces deux termes la conservation et le progrès.

Consultons la nature, l'histoire du globe terrestre : Nous y verrons que conservation et progrès ne sont que les deux corollaires de la même loi.

Comment les êtres organisés se sont-ils perpétués depuis l'origine des temps à la surface de notre planète ? En se renouvelant.

Les espèces ont succédé aux espèces, les organismes aux organismes. Le monde vivant n'a échappé à la mort qu'en se transformant d'époque en époque.

Eh bien ! la science politique est une application des lois de la nature au gouvernement des choses humaines.

Pour les animaux comme pour l'homme, pour l'individu comme pour la société, vivre c'est avancer, c'est devenir.

La conservation n'est qu'au prix du mouvement. Malheureux qui voudrais te conserver en te préservant de l'action modificatrice du temps, ne t'aperçois-tu pas que tu deviendrais momie ?

Il en est de même de ces deux autres termes, l'ordre et la liberté.

A quoi bon cette opposition de mots qui ne trompe que les imbéciles ?

Si vous parlez d'un ordre artificiel, contraire à la nature de l'homme et des sociétés, appuyé sur la force brutale, oui, je l'avoue, cet ordre-là, qu'on pourrait aussi bien appeler le désordre, n'a point de plus mortel ennemi que la liberté.

Mais, si vous avez en vue l'ordre naturel, conforme aux vœux et aux destinées de la civilisation moderne,

qui donc pourrait établir un antago-
nisme entre la tranquillité dans la rue
et le développement pacifique des fa-
cultés humaines, du droit et de la justice ?

Pas de liberté sans ordre, pas d'ordre sans liberté, *tel est, au contraire,*
le dernier mot de la science politique.

La République est à la fois la Révolution et la fin des révolutions.

Oui, c'est la Révolution organisée,
pacifiée, désarmée, absorbée dans le
suffrage universel, dominée par la
sagesse et la raison d'un grand peuple.

C'est à ce titre qu'elle doit rassurer
les timides, encourager les forts,
rallier jusqu'aux indifférents.

Je ne doute point du légitime succès

*que doit obtenir votre brochure, et je
vous serre cordialement la main.*

ALPHONSE ESQUIROS,

Représentant du peuple.

LA REPUBLIQUE

ET

LA RÉVOLUTION

S'il est une vérité facile à démontrer et que l'on peut, pour ainsi dire, considérer comme un axiome, c'est à n'en pas douter celle-ci : la Révolution est intimement liée à la République ; l'une est la conséquence, le corollaire de l'autre.

Au premier abord, l'application de cette loi peut sembler dangereuse. Certains esprits (je parle des esprits de bonne foi), ne se donnant point la peine d'étudier à fond la question, éprouvent, en présence de ce fait, un inexplicable et puéril mouvement de terreur. Ce mot de révolution et de révolution quasi-permanente les épouvante et les fait tressaillir.

Cette honnête frayeur est, nous n'en doutons pas, facile à dissiper, bien qu'elle soit entretenue avec soin dans les âmes timides, par les partisans des régimes passés.

« Eh quoi ! s'écrient ces héroïques défenseurs
« du trône et de l'autel, ils ne craignent pas de
« l'avouer ! Voyez avec quel cynisme ces répu-
« blicains infâmes, ces égorgeurs et ces bandits
« affichent leur programme sanglant !

« La révolution, toujours la révolution, c'est-
« à-dire toujours les meurtres, les exactions,
« les viols, les pillages et les incendies ! Ah !
« peuple, n'écoute point ces fous ambitieux,
« vils flatteurs de la démagogie, qui te parlent
« de tes droits et de tes devoirs ; laisse-toi
« ramener par nous aux coutumes de notre bon
« roy Henry et de notre bon roy Louis. Le pro-
« grès, la justice, la raison, l'éducation, l'ins-
« truction sont les ennemis acharnés du bonheur
« du peuple ; c'est dans le labeur, dans le travail
« persévérant, opiniâtre, improductif, dans

« l'ignorance et l'obéissance passive à tous ceux
« nés grands de par la volonté de Dieu, que la
« plèbe peut seulement puiser sa joie et ses
« satisfactions les plus complètes.

« Quant à la bourgeoisie, qui s'est fait au
« soleil une place, hélas ! trop large ou trop à
« l'aise, elle peut s'étendre ; que n'a-t-elle point
« à redouter de ces monstres perfides, indignes
« du nom d'hommes, qui, rien qu'en prononçant
« ce mot fatal et maudit de révolution, arrêtent
« soudain les affaires, paralysent les transac-
« tions et terrifient la nation tout entière !

« Il est facile de prévoir le sort que nous
« réserve l'application des théories et des prin-
« cipes républicains : la république, c'est la
« révolution, et la révolution la ruine du pays,
« la fin du monde. »

Que si l'on voulait tirer une conclusion de
ces doctrines si chères aux pieux fidèles de
la droite de l'Assemblée, elle serait simple à
déduire et l'on pourrait aisément l'énoncer
ainsi : hors Dieu et le Roy, c'est-à-dire hors les
priviléges, honneurs et richesses pour la noblesse

et le clergé, il n'y a point de salut pour une
nation.

Par bonheur, il n'est plus nécessaire de com-
battre ce groupe infime et grotesque composé
des derniers représentants de la féodalité ; leurs
doctrines ont croulé sous le poids des ans, du
ridicule et du mépris. Passez, braves gens, on
vous a déjà donné.

Mais on rencontre chez quelques-uns des
adversaires de la thèse que nous soutenons des
opinions plus ou moins dangereuses , en ce
qu'elles offrent l'apparence du bon sens et de la
raison.

« Nous nous rallions, disent ceux-ci, au gou-
« vernement républicain, au gouvernement de
« la nation par la nation, du peuple par le
« peuple, et nous voulons le bien de la chose
« publique. Cependant, ajoutent ces esprits de
« bonne foi dont je parlais au commencement
« de cet opuscule, ne craignez-vous point que
« votre système révolutionnaire ne veuille aller
« trop vite en besogne ? La république et la
« révolution sont intimement liées, prétendez-

« vous ; mais vous ignorez donc que les révolu-
« tions n'ont jamais enfanté que des ruines ;
« que les chocs violents produisent des désas-
« tres ; que le progrès doit suivre une marche
« lente, paisible, sûre. Nous reconnaissons avec
« vous que dans l'organisation actuelle de notre
« société française, les abus de toute sorte se
« rencontrent à chaque pas ; mais pour com-
« battre de semblables abus et réformer les
« institutions d'un peuple, il faut de la sagesse,
« des précautions et du temps surtout. En un
« mot, le radicalisme n'est point notre affaire,
« il nous effraie ; la république, soit ; mais à
« une condition, c'est qu'elle sera conserva-
« trice. »

République conservatrice, voilà le grand mot
lâché. Cette bienheureuse épithète, créée et
mise au monde pour le bonheur des gens tran-
quilles et pour la joie des familles, semble tout
concilier. *Miscuit utile dulci* ; elle réunit l'utile
à l'agréable, et donne à la fois satisfaction aux
républicains qui adorent les réformes, à condition qu'on n'en fasse jamais, et aux monar-

chistes qui veulent bien nous faire la grâce de subir la république, pourvu qu'on conserve toutes les traditions de la monarchie.

Que si nous voulons nous donner la peine d'examiner avec réflexion pendant quelques instants la valeur exacte de ces deux termes *république* et *conservatrice*, nous ne tarderons pas à nous apercevoir qu'ils jurent entre eux d'effroyable manière et se contredisent absolument.

Si vraiment, et personne n'en doute, le but de la république est de prendre en main les intérêts de tous, d'égaliser les droits, les priviléges et les charges de chacun, la république est bien un gouvernement de réforme, puisque jamais sous le soleil, monarchie si parfaite qu'elle ait été, n'a atteint ce résultat. Or, qu'est-ce que conserver ? C'est laisser les choses dans le *statu quo* le plus complet et s'opposer à toute réforme, quelle qu'elle soit. Donc, l'épithète de conservatrice accolée au mot république est purement et simplement la négation aussi complète que possible de cette république.

Soyez convaincus que les monarchistes ne s'y sont pas trompés, et c'est sous ce drapeau de république conservatrice que les habiles se sont rangés. Je m'étonne même que leur jeu ait pu tromper quelqu'un.

Au reste, l'histoire du mot conservateur appliqué à la politique est brève et tout à fait probante.

C'est au Sénat que fut donné, pour la première fois, cette épithète. Le premier Sénat était, aux termes des constitutions impériales, chargé de conserver la constitution et les diverses libertés des citoyens ; il conserva très bien, admirablement bien. Nos libertés même furent si bien conservées par lui, que nous n'en avions pas du tout ; ce docte et prévoyant corps s'aperçut même un beau jour que nous en manquions totalement. Il est juste d'ajouter que ce jour-là les étrangers assiégeaient Paris.

Plus tard, sous Louis-Philippe, nous retrouvons les conservateurs ; ils sont toujours les mêmes. Ceux qui à cette époque se sont de nouveau baptisés ainsi, ont, disent-ils, « le devoir

« de maintenir l'ordre social fondé sur l'équi-
« libre des trois pouvoirs constitutionnels, tel
« qu'il avait été établi par la charte de
« 1830, avec la transmission héréditaire de la
« royauté dans la maison d'Orléans. »

On sait ce qu'il advint d'eux ; la foudre écla-
tant soudain, en 1848, les dispersa à tous les
vents, et pendant un certain temps on ne les
vit point reparaître. Peu à peu cependant ils
reprirent courage ; la république ne les maltrai-
tant ni ne les inquiétant, ils s'enhardirent et
commencèrent à intriguer. Les élections pour
la Législative approchant, ils firent tant et si
bien, que, dit un historien, ils parvinrent à
inonder bientôt les bancs de cette Assemblée,
dont les actes les plus déplorables furent leur
œuvre. C'est à ces conservateurs-là qu'on doit
les institutions fameuses du *Comité de la rue
de Poitiers* et de l'*Union électorale*.

On vit alors un touchant spectacle. Les conservateurs tout à fait rassérénés n'eurent plus
qu'une préoccupation unique et constante : conserver, conserver leurs places, leurs honneurs,

leurs titres, leurs dignités, leurs croix, leurs pensions, leurs priviléges. Après le coup d'État, ils devinrent, sans coup férir, pour conserver tout cela, les humbles serviteurs et les flatteurs serviles du second empire.

Nous ne les suivrons pas à travers l'histoire du règne glorieux qui eut Décembre pour aurore, et Sedan pour crépuscule ; durant ces vingt années où « l'ordre régna » et où la révolution perdit ses droits et se tut, satisfaite sans doute par les louables efforts et les généreuses tentatives de l'empire, dit *libéral*, les conservateurs se gardèrent bien de faire parler d'eux. Ils étaient repus et ils digéraient.

Un nouveau coup de tonnerre vint une fois encore troubler, hélas ! la douce béatitude et la satisfaction paisible de ces honnêtes gens. Une affreuse épouvante se met aussitôt dans leur camp ; tandis que quelques-uns, les jeunes, obéissant à certaines traditions de race qui font de la guerre une carrière productive, se battent comme tout le monde, les autres, gens en place, ex-préfets, anciens sénateurs ou hobereaux, s'enfuient à l'étranger ou se prosternent aux pieds de l'ennemi victorieux.

« Mettons fin à cette lutte horrible, s'écrient-
« ils avec terreur ; sauver l'honneur, à quoi
« bon ? Cela ne pourrait servir qu'à la Répu-
« blique ! »

La paix se conclut ; la France est épuisée, écrasée, affollée. Les conservateurs redressent aussitôt la tête ; nouant audacieusement leurs intrigues sous les yeux des Prussiens vainqueurs, ils arrachent les bulletins de vote aux électeurs éperdus ; et nous les voyons de la sorte inonder les bancs de l'Assemblée actuelle, comme leurs aînés inondaient ceux de la Législative.

A Bordeaux, ce grand parti reprend courage ; il respire ; tout n'est pas perdu peut-être. Point de prince acceptable sous la main, l'idée monarchique ayant trop perdu dans l'esprit public ; mais on peut espérer ramener, avec le temps, l'opinion égarée, et si l'on ne parvient pas à reconstituer immédiatement l'autocratie chérie, on s'arrangera du moins de façon à ne point laisser constituer la République détestée.

Tous, nous avons suivi ces tristes débats parlementaires dans lesquels les très fidèles sujets de toute majesté et les zélés serviteurs des princes nous ont donné l'écœurant spectacle de leurs convoitises sans cesse renaissantes, que rien ne rebute, que rien ne saurait décourager. Nous avons vu s'ourdir chaque jour ces complots, tous tramés dans le même but : le retour vers le passé, la restauration, la restauration des abus, des priviléges et de la tyrannie.

Ces coupables tentatives ont été jusqu'ici déjouées, mais les conservateurs sont loin de se déclarer vaincus. Leur haine de la chose publique est vivace et ne s'éteindra pas. Au lieu de se faire humbles et petits devant la nation qui les repousse, devant le progrès et la raison qui les répudient, ils affectent une railleuse insolence et jouent la bonne foi avec une audace cynique.

Seulement, comme il existe un gouvernement de fait, qu'ils ne se sentent pas de taille à renverser, quant à présent, ils s'imaginent se dis-

simuler habilement sous ce nom de conservateurs. Interrogez-les tous. Bonapartistes, qu'êtes-
vous ? Conservateurs. Légitimistes, qu'êtes-vous ?
Conservateurs. Orléanistes, qu'êtes-vous ? Conservateurs. Fusionnistes, qu'êtes-vous ? Conservateurs.

C'est des rangs des conservateurs que se sont
élevées, il y a quelques jours, des protestations
contre la libération du territoire ; c'est aux
preux de la légitimité qu'il appartenait de déclarer qu'un grand citoyen qui, chef d'un gouvernement républicain, a trouvé moyen de payer
en deux ans à l'ennemi l'écrasante rançon de la
guerre, n'avait pas bien mérité de la patrie.

Ce fait, il faut le retenir et le méditer, car il
prouve à quel degré ces honnêtes gens ont
l'amour de la France, et la haine de l'étranger.

Les principes conservateurs ont été de tout
temps opposés aux principes réformateurs, mais
il était donné à notre époque de les voir opposés à la grandeur et à la prospérité du pays.

Quoi qu'il en soit, nous croyons aisé de con-
clure maintenant, qu'on doit ranger dans la

catégorie des conservateurs tous les ennemis de la République.

Ayant prouvé de la sorte que l'épithète conservatrice est impossible à allier à l'idée républicaine, que les véritables conservateurs sont les plus implacables adversaires du régime actuel, il nous est permis de répéter cette parole prononcée à la Chambre par une voix autorisée : Soyons républicains, tout court.

Et maintenant, il nous reste à essayer d'établir que la Révolution, qui, nous le proclamons de nouveau, est intimement liée à la République, que la Révolution, disons-nous, loin de présenter des dangers, est indispensable au bien public, est féconde et salutaire.

Notre tâche sera, croyons-nous, facile ; il nous suffira d'expliquer nettement ce que signifie ce mot, Révolution, de le définir et de détruire l'erreur commune qui attache à ce terme une signification dangereuse et fatale.

On sait, que, pris au propre, le mot Révolution s'applique au mouvement régulier de tous les corps circulant dans l'espace ; pris au figuré, il désigne uniquement les grands changements qui s'opèrent dans les mœurs, dans les sciences, dans les arts, dans les lois et le gouvernement d'une nation.

Il n'y a pas, il ne saurait y avoir, quoi qu'on dise, d'autre définition possible. Les excès révolutionnaires peuvent naître parfois de ces changements sociaux ; un peuple se heurtant à la digue qui trop longtemps a comprimé son essor peut la briser, et, dans sa soif ardente de libertés, commettre des attentats : si l'affaissement, la somnolence ont été longs, terrible est le réveil. Mais ce déchaînement n'est point la Révolution, il n'en est même pas la conséquence inévitable, et l'on peut s'arrêter quelques instants pour rappeler avec complaisance les glorieuses et pacifiques révolutions qui ont donné l'essor à l'intelligence humaine.

Dans les lettres, dans les arts et dans les sciences, Révolution perpétuelle, continue ; efforts sans cesse renouvelés pour agrandir le domaine intellectuel et élargir son horizon.

Dans le monde religieux, les révolutions se

succèdent et les cultes se purifient à mesure que grandit la raison des hommes. Après l'adoration stupide des objets incompris ou brillants qui frappent la vue ou l'imagination, le paganisme, déjà plus parfait, puis la croyance en un Dieu unique, puis le christianisme. Après Christ viennent Luther et Calvin. A ces prophètes, à ces réformateurs soi-disant inspirés ont succédé nos philosophes modernes, aux doctrines idéalistes, les doctrines positivistes; aux croyances éthérées, la pure raison.

Qu'est-ce donc que ce grand mouvement qui se produit de la fin du quinzième au dix-septième siècle ? C'est une Révolution, Révolution immense, féconde, qui ne versa point de sang et qui bouleversa le monde entier : c'est la Renaissance.

C'est l'époque où l'imprimerie vient d'éclore et s'en va propager la pensée ; où Colomb découvre l'Amérique ; où plus tard, sous François Ier, et grâce à Marguerite de Navarre, les arts et les lettres commencent à fleurir en France.

Tôt ou tard arrive le temps où le sentiment

moral et la raison réclament leurs droits, où les peuples veulent enfin que l'autorité des traditions et des enseignements dogmatiques se mettent d'accord avec nos instincts primitifs de justice et de lumière.

Voilà la véritable Révolution qui n'est, à vrai dire, que la marche en avant de l'esprit humain. Un peuple incapable de faire des révolutions, non-seulement ne deviendra ni un grand peuple ni un peuple fort, mais encore, il périclitera et finira par tomber en décadence.

En veut-on un exemple, qui, pour être tiré de loin, n'en est pas moins frappant ? Qu'on lise l'histoire des Chinois.

Tout d'abord ce peuple, relativement libre, tente d'heureux efforts en faveur de l'ordre et du bonheur publics ; il base sur un de nos meilleurs instincts moraux, sur l'amour et le respect de la famille, de nobles institutions. On voit alors les Chinois marcher à la tête des grandes découvertes ; ils devancent les conquêtes scientifiques de l'Europe, ils perfectionnent l'agriculture, ils découvrent avant nous la boussole, les armes à feu. Malheureusement, l'orgueil né de cette supériorité leur fait repousser et mépriser les races étrangères.

Mais ce n'est point l'orgueil seul qui les empêcha de perfectionner ce qu'ils avaient inventé, et qui fit que leurs découvertes et leurs institutions demeurèrent incomplètes et imparfaites. Non. Si le peuple chinois est aujourd'hui inférieur à tous égards aux nations européennes, c'est parce qu'une vénération superstitieuse pour les habitudes, les usages et les rites consacrés par le temps, les a retenus et confinés dans l'ornière tracée par les ancêtres. Il reste dans leur cœur, non plus de la vertu, de l'énergie, de la volonté, mais un hypocrite attachement aux cérémonies et aux pratiques ridicules.

Telle est, en quelques mots, l'histoire d'un peuple fidèle à ses coutumes, strict observateur des lois antiques, d'un peuple conservateur et qui ne fait pas de révolutions. La décadence, l'affaiblissement, la décrépitude, et, peut-être, l'asservissement prochain, voilà le résultat de l'application du principe conservateur.

3.

Combien diffèrent les sociétés où l'amour de
la patrie et de sa gloire, de la liberté et du progrès, enfantent de si grandes merveilles !

Il vient des époques, dans ces sociétés, où les
passions et les vices ayant altéré les sentiments
et les ayant corrompus, les mœurs se relâchent
et la vigueur morale semble disparaître ; c'est
alors, suivant une belle expression, que les passions égoïstes ont étouffé les sentiments généreux
et éteint le flambeau de la raison.

A ces époques-là surgissent des tyrans qui in-
fligent au peuple tombé le gouvernement qu'il
mérite ; le peuple dégénéré se laisse servilement
enchaîner. Mais bientôt, s'il lui reste dans l'âme
quelque idée de son droit et quelque idée du
juste, il frémit d'indignation en se sentant à ce
point humilié et abaissé, il secoue ses fers, les
brise et, avec le tronçon de sa chaîne, va réduire
en poussière le trône de l'oppresseur. Alors l'hu-
manité reprend sa marche progressive. On a fait
une révolution.

Vouloir rester attaché quand même à la forme
gouvernementale consacrée par l'usage, s'obsti-

ner à ne point perfectionner une loi sous pré-
texte qu'elle a deux siècles de date et se refuser
à abolir une pratique ridicule en invoquant son
ancienneté, c'est, *à priori*, être dénué de raison
et de sens commun. C'est pourtant là-dessus
qu'est basé le principal argument des monarchistes.

La France a été glorieuse sous le règne de
Louis XIV, donc il faut de toute nécessité reve-
nir au gouvernement royal et aux institutions
du dix-septième siècle.

Les gens qui raisonnent de la sorte sont loin
d'être convaincus de la vérité de ce qu'ils avan-
cent; mais il est de leur intérêt de déraisonner
et ils le font sciemment.

Sans cela que deviendraient, Seigneur Dieu,
leurs titres de noblesse, leurs pensions et leurs
places ?

Cependant, malgré eux, les conservateurs res-
sentent, à certains moments, la nécessité d'une
révolution, et l'on peut facilement les prendre en
flagrant délit de contradiction.

Une citation entre mille. Qui se douterait que

l'institution conservatrice par excellence, la papauté, se trouve menacée principalement parce
qu'elle ne peut pas faire de révolution. On ne
contestera pas la véracité de cette assertion.
J'emprunte ce qui suit à l'un des fervents apôtres de la catholicité ; Chateaubriand, dans ses
Mémoires d'outre - tombe, s'exprime ainsi, à
propos de Léon XII et au sujet de la cour de
Rome :

« Le vice radical de la constitution politique
de ce pays est facile à saisir : ce sont des vieillards qui nomment pour souverain un vieillard
comme eux. Ce vieillard, devenu maître, nomme
à son tour cardinaux des vieillards. Tournant
dans ce cercle vicieux, le suprême pouvoir énervé
est toujours ainsi au bord de la tombe. Le prince
n'occupe jamais assez longtemps le trône pour
exécuter les plans d'amélioration qu'il peut avoir
conçus. Il faudrait qu'un pape eût assez de résolution pour faire tout à coup une nombreuse promotion de jeunes cardinaux de manière à assurer
la majorité à l'élection future d'un jeune pontife.
Mais les règlements de Sixte-Quint, qui donnent

le chapeau à des charges du palais, l'empire de
la coutume et des mœurs, les intérêts du peuple
qui reçoit des gratifications à chaque mutation
de la tiare, l'ambition individuelle des cardinaux,
qui veulent des règnes courts afin de multiplier
les chances de la papauté, mille autres obstacles
trop longs à déduire, s'opposent au rajeunisse-
ment du sacré collége. »

Dans ce jugement d'un écrivain catholique,
que d'arguments en faveur de la thèse que nous
soutenons, à savoir : la révolution est indispensable à tous progrès, elle en est la manifesta-
tion.

Nous n'avons point à nous occuper ici de la
supériorité de la forme républicaine ; c'est pour
nous un fait acquis, indiscutable, incontestable.
Mais il nous est permis de faire remarquer en
passant que, dans une république, la révolution
ou, si l'on aime mieux, la réforme, peut être per-
manente et doit l'être, sans que jamais l'ordre
soit troublé.

Pour nous, la révolution c'est l'abus supprimé,
la loi revisée, l'économie réalisée, lentement,

sagement, mais sans interruption, parce que chaque jour peut apporter son œuvre et chaque homme sa pierre à l'édifice social.

Ah ! certes, il est des révolutions sanglantes et terribles auxquelles on ne peut songer sans frissonner ; mais, ô conservateurs, qui sans cesse essayez de porter à la république un coup mortel en évoquant le spectre rouge, ne vous êtes-vous donc jamais demandé quel était le père de ce fantôme sanguinolent ? Ne savez-vous donc pas comme nous que ces regrettables excès ont toujours été provoqués par vos princes, et que les crimes des rois peuvent, hélas ! expliquer et rendre comme justes les représailles du peuple ? Ah ! vous enchaînez le dogue, vous le venez battre dans sa niche, vous le rendez furieux et fou de rage, et vous vous étonnez qu'il morde quand il est libre?

Croyez-nous, renoncez à jamais à vos prétentions tyranniques; de hobereaux, devenez citoyens, travaillez au bonheur de tous et aidez-nous à faire la révolution, toujours la révolution, c'est-à-dire toujours la guerre aux préjugés, aux abus, aux exactions, aux injustices, à l'inégalité.

La tâche, suivant la parole d'un éminent homme d'État, est à la hauteur de votre courage.

Oui, la tâche est noble et grande, propager l'idée. L'idée est semblable à la graine que le vent emporte dans un tourbillon, et qui germe là où il y a un peu de terre, un peu d'eau et un peu de soleil ; il ne se faut point lasser de jeter l'idée à tous les vents ; si elle est bonne, elle germera.

Pour semer de la sorte, il ne faut qu'avoir au cœur la haine de la tyrannie, aimer le progrès.

Relevons donc la dignité humaine : Soyons révolutionnaires en un mot : voilà le but !

Encore un peu de 24 Mai, beaucoup d'escapades fuisionneuses : il est atteint !

FIN